AF596415

# DISCOURS

*PRONONCÉ*

AU COURONNEMENT

DE LA ROSIERE

DE SURESNE.

*Le 12 Août 1787.*

---

*Dedi coronam decoris in capite tuo.*
Apocalypse 3.

---

1787.

# DISCOURS

*Prononcé au Couronnement de la Rosière de Suresne, du 12 août 1787, par M. l'abbé Hasard.*

MONSEIGNEUR (1),

De toutes les institutions, la plus louable, sans doute, est celle qui a pour objet de porter le cœur à la vertu. La grace du Christianisme, les motifs puissans qui accompagnent notre foi, suffisent, à la vérité, pour éclairer notre conscience dans l'amour & la recherche du vrai bien : mais qui peut douter de l'influence de l'exemple, sur le plus ou le moins de facilité à le

(1) L'Evêque d'Adrau, qui a béni la couronne de la Rosière, & a présidé à la cérémonie.

mettre en pratique ? Combien d'excellentes dispositions sacrifiées au respect humain ! Quels obstacles à ses désirs, quelles contrariétés dans sa conduite n'éprouve pas un cœur vertueux qui préfère ses devoirs aux maximes pernicieuses d'un monde corrompu ! ...

Les Fidèles de l'Eglise naissante, animés d'un même zèle & d'un même esprit, puisoient aisément, dans les exhortations des Apôtres, cette ferveur ardente qui les rendit si souvent victorieux des persécutions : peu jaloux de l'approbation des ennemis de Dieu, ils n'ambitionnoient que le Ciel ; les contradictions, les souffrances, le martyre même, loin d'abattre leur courage, en faisoient des héros de la loi. Tant l'ame a de pouvoir quand elle est soutenue par la force du bon exemple ! ...

Grace au triomphe public de notre Religion, les Chrétiens de nos jours n'ont plus à redouter, ni la persécution, ni la fureur des tyrans : mais combien ne doivent-ils pas être en garde contre ce goût d'impiété répandu dans les villes comme dans les campagnes ! Point d'état qui ne se ressente des suites funestes de cette corruption. La foi détruite par l'orgueil de la raison, le luxe ennobli par l'éducation, le bon ton érigé en art habile à précipiter la défaite de la vertu ; tel est, en peu de mots, le portrait du siècle où nous vivons : le libertinage s'en applaudit, & la piété s'en afflige. Il n'appartient donc plus qu'aux gens de bien de chercher à préserver de la contagion générale les ames innocentes, en encourageant la jeunesse chrétienne, par une émulation salutaire, à se conserver, & à persévérer dans une parfaite intégrité de mœurs.

Le Fondateur (1) estimable de l'édifiante cérémonie qui nous rassemble, n'a eu en vue que la gloire & l'honneur

(1) M. l'abbé Héliot, ancien secrétaire de la feuille des bénéfices, homme recommandable par sa piété, & Fondateur de la *Rosière* de *Suresne*.

de la Religion ; auſſi en a-t-il écarté tout ce qui pouvoit y porter atteinte. C'eſt dans l'égliſe même où cette enfant eſt venue jurer, ſur les Fonts de baptême, ſon renoncement à Satan, à ſes pompes & à ſes œuvres ; c'eſt aux pieds de ce même autel où elle renouvela ces vœux ſacrés dans ſa première Communion ; c'eſt enfin dans ce même temple, témoin de ſa modeſtie & de ſa piété, qu'elle va recevoir aujourd'hui l'hommage de l'eſtime qu'elle a eu le bonheur d'inſpirer à tous ſes concitoyens...

Mondains ! curieux des vanités du ſiècle ! ne cherchez donc point ici ces fêtes bruyantes, ces ſpectacles bizarres qui nous peignent ſi bien l'idolâtrie des *Madianites ;* ces mélanges monſtrueux du ſacré avec le profane ; ces autels, érigés d'abord à une vertu que l'on ſacrifie enſuite dans les plus honteux excès. C'eſt la ſageſſe que nous couronnons, non pas cette ſageſſe ſi vantée parmi les enfans du ſiècle, qui ne doit la naissance qu'à l'orgueil, à l'intérêt, à la politique ; mais cette sagesse agréable à Dieu, utile aux hommes ; cette sagesse chrétienne qui part d'un fond de piété, & qui sert de base à la pratique de toutes les vertus sociales.

Le triomphe de la vertu fut de tous les âges ; de tout temps on lui rendit des honneurs publics. *Rome* couronna l'héroïsme belliqueux ; *Athènes*, le patriotisme ; *Sparte*, la sobriété. De nos jours, nous n'entendons parler que de couronnes décernées, tantôt à l'amour filial, tantôt à l'humanité : ici, à l'Agriculture ; là, aux Beaux Arts ; & par-tout ces établissemens semblent justifier notre siècle de l'accusation d'immoralité. Mais sans prétendre attaquer les intentions de leurs Fondateurs, je ne crains point d'avancer que de pareils encouragemens seront toujours sans succès, tant qu'ils ne se ressentiront pas de l'influence de la Religion ; elle seule règle les mœurs, sanctifie les actions des hommes, & donne du prix au vrai talent.

Pour vous, filles chrétiennes, ne perdez jamais de vue l'esprit & les conditions de cet hommage que nous venons rendre à votre conduite; les tendres soins de vos parens, le zèle vigilant d'un pasteur (1) éclairé, ont dirigé votre enfance dans les sentiers de la vertu. L'estime de vos amis, les suffrages de vos concitoyens vont être les fruits de votre docilité: mais loin de vous enorgueillir d'un tel avantage, offrez-le à l'Auteur de tout bien; souvenez-vous que nous ne sommes rien sans la grâce, & que c'est nous méconnoître que de ne pas lui rapporter tout notre mérite.

La modestie est la compagne de la vertu; point de pudeur sans l'humilité. N'imitez donc point ces filles mondaines

(1) M. l'abbé Porchet, curé de Suresne, autant estimé de ses paroissiens, que chéri des pauvres dont il est le soutien.

que le luxe a corrompues, & qui croient avoir tout fait, en ſacrifiant à la gloire une orgueilleuſe pudeur : *Quid prodeſt integra caro, mente corrupta ?* A quoi ſert d'être vierge de corps, quand on ne l'eſt pas d'eſprit, dit Saint Auguſtin ?

Pour vous en convaincre, jetez les yeux ſur l'éducation d'une jeune perſonne deſtinée ( ſelon l'expreſſion ordinaire) à jouer un rôle dans le monde; qu'y verrez-vous ?... Tout ce qui tend à éloigner de Dieu.... ..

La parure, la danſe, le ſpectacle ſont les premières idoles auxquelles elle ſacrifie ; à peine la raiſon vient-elle éclairer ſon enfance, qu'elle découvre une ame livrée tout entière à l'amour-propre, à la préſomption, à la vanité; une légère teinture de la Religion, qui n'a fait qu'effleurer ſon cœur, a ſuffi pour la conduire à l'autel & la faire aſſeoir au banquet ſacré : auſſi le démon du mauvais exemple diſſipe-t-il bientôt ces ſalutaires impreſſions. Déjà les mauvais livres remplacent les lectures pieuſes; le goût du plaiſir & de la diſſipation ſuccède à celui des exercices chrétiens. Plus de prières, plus de mortifications, plus de piété. Cependant l'âge des paſſions arrive à grands pas; ces tyrans cruels trouvent mille entrées dans ce jeune cœur, en proie à toutes les tentations. Quel frein leur oppoſer?.. La conſcience?.. Hélas! eſt-il des remords pour la frivolité?... L'honneur?... Autant ce ſentiment en impoſe à une ame élevée que la Religion ſoutient, autant, & plus encore, devient-il inſuffiſant pour une ame avilie par l'impiété... Quel frein pourra donc déſormais la retenir?.. La cenſure du monde?... C'eſt une barrière quelque fois aſſez forte pour la contenir dans ſes actions, mais toujours trop foible pour garantir ſon eſprit. Alors, ſous un dehors auſſi ſéduiſant que trompeur, ſe promène orgueilleuſement dans les cercles cette jeune idole, à qui le respect humain fait prendre le masque d'une décence que son cœur désavoue en secret, qui ne soupire qu'après l'instant de liberté, qui, l'affranchissant de toute contrainte, lui permettra de vivre au gré de ses désirs, de mettre en évidence, d'afficher même des préjugés aussi contraires à sa propre tranquillité, que préjudiciables à la Société entière... Je vous vois frémir, Chrétiens qui m'écoutez, & déjà vous tremblez sur le sort de l'époux infortuné, & des malheureux enfans qui en seront la victime... Mais l'arrêt en est porté... Il en est du monde moral, comme du monde physique.

Lorsque la nature se détourne du cours régulier que l'Eternel lui a prescrit, il n'est point de troubles, point de désordres qu'elle n'enfante... Le printemps qui ne produit point de fleurs, annonce un été sans beauté, & un automne sans fruits; de même une jeunesse viciée dans les principes de son éducation, devient méprisable dans l'âge mûr, & malheureuse dans sa vieillesse : le commencement de sa vie ne fut que *vanité*, sa fin ne sera que tourment d'*esprit*, dit le Sage. Rien de semblable à craindre pour vous, filles chrétiennes, si, attentives à vos devoirs, vous les remplissez avec autant de zèle que de fidélité : respectées des hommes, protégées de Dieu, vous jouirez, tous les jours de votre vie, de cette paix intérieure qui fait la vraie félicité. Loin du torrent du monde & du joug fastidieux de la grandeur, vous goûterez les charmes secrets du travail & de la médiocrité.

Quel tableau plus touchant & plus digne d'envie que celui que nous retrace la conduite d'une jeune villageoise, élevée dans l'innocence des mœurs, sous les aîles de la nature & de l'heureuse simplicité ! Dès en naissant, ses yeux s'arrêtent sur cette mère tendre qui ne doit plus l'abandonner ; à mesure que ses organes se développent, elle reconnoit de nouveaux soins ; les caresses d'un père, dont elle fait l'espoir & la consolation, lui annoncent un bienfaiteur sensible. Elle existe à peine, & déjà son cœur est tout entier à l'amour de ses parens : aussi reçoit-elle avec avidité les instructions qu'ils lui donnent. La crainte de Dieu, l'amour de la Religion & de la vertu ; telles sont les premières semences que l'âge & la raison vont faire germer dans son cœur.

C'est aux champs, bien plus qu'à la ville, Messieurs, que l'on trouve l'art heureux de concilier ses devoirs & de les remplir. Partagée entre les travaux de la campagne & les exercices religieux, Marthe & Marie tour à tour, cette enfant s'acquitte également des devoirs que la Religion & la Nature lui imposent ; toute la semaine, livrée aux occupations domestiques, soulageant ſes parens; depuis l'aurore juſqu'au coucher du ſoleil, elle emploie chaque jour à rendre à ſa famille tous les ſoins qu'elle en a reçus dans ſon enfance; les dimanches & les fêtes, on la voit aſſiſter aux offices divins avec autant d'exactitude que d'édification, remercier Dieu de ſes bienfaits, lui offrir ſon cœur, & lui demander la conſervation d'un père & d'une mère qui font tout ſon bonheur.

O vous qui doutez des charmes & des plaiſirs qui accompagnent une telle conduite! conſidérez cet air ſerein, cette gaîté tempérée par la ſageſſe, que la pureté d'une bonne conſcience a répandus ſur tous ces traits; & doutez encore après cela des avantages de la vertu...

Jouiſſez donc ſans ſcrupule, filles chrétiennes! jouiſſez de ces amuſemens & de ces plaiſirs qui ne peuvent nuire, ni à vous-mêmes, ni à vos ſemblables, & que la vertu autoriſe. La vraie religion respire la douceur & l'affabilité; elle donne au maintien une aisance sans affectation! sociable, pleine de grâces & de gaîté, elle est très-éloignée d'exiger de vous un air de gravité, de réserve, incompatible avec votre âge, & qui finiroit par obscurcir votre humeur, endurcir votre caractère, rétrécir votre ame, affliger votre esprit, & vous porter enfin à vous ériger en censeurs despotiques de ceux qui vous entourent : mais fuyez ces joies intempérées, ces saillies profanes qui vous donneroient un air d'étourderie que la modestie condamne.

Saint Ambroise (1), exhortant les Vierges de son temps à conserver cette décence & cette humilité qui fait le plus bel ornement de votre sexe, ne cessoit de leur répéter : « Apprenez à » mettre de l'ordre dans l'emploi de » votre temps, ne courez pas de maison

(1) St. Amb. in Luc. lib. 2.

» en maiſon ſans néceſſité, ſoyez ſcru» puleuſement réſervées dans vos pro» pos en public : car il convient que » le degré d'humilité ſoit en raiſon de » celui de la chaſteté ; ſans cela plus » de piété, plus de vertu ».

Auſſi Saint Paul (1) vous dit-il : « Quoi que vous faſſiez, ſoit en parlant, » ſoit en agiſſant, faites tout au nom » du Seigneur. Tâchons de faire le » bien avec tant de circonſpection, qu'il » ſoit approuvé, non ſeulement de » Dieu, mais auſſi des hommes ».

D'où je conclus, avec Saint Bernard (2), que les actions & les converſations d'une Vierge Chrétienne ne peuvent être ſaintes & édifiantes qu'autant qu'elles ont pour objet la gloire de Dieu & la charité envers le prochain.

Pour vous, filles de Sureſne, dont la

(1) Coloſſ. 3, 17, 2, cor. 8, 21.

(2) Epiſt. 42. *Tolle caritatem, caſtitas non placet.*

conduite régulière va recevoir du jugement des hommes le prix le plus flatteur, ſouvenez-vous, toute votre vie, de l'engagement ſacré que vous allez contracter aujourd'hui. Ce concours de témoins reſpectables, cette pompe religieuſe, ce ſcrutin qui va renfermer les ſuffrages de vos parens, de vos amis, de vos concitoyens, ſont autant de voix qui vous crient de ſoutenir l'idée avantageuſe que vous avez donnée de vous, & vous engagent à perſévérer dans une vertu dont vous voyez le parfait modèle dans la jeune perſonne qui va vous couronner : puiſſe ſon ame innocente lui retracer ſans ceſſe l'eſprit de cette cérémonie, & l'engager à mettre en pratique les bons avis de ſes parens... ! (1)

Imitez les Roſières qui vous ont

---

(1) Mademoiſelle de Bagneux, fille du Fermier Général de ce nom.

précédée, leur conduite soutenue vous offre un exemple aussi consolant qu'utile; d'ailleurs l'émulation qui règne parmi vos compagnes, est un motif suffisant pour vous maintenir dans votre ferveur... Unissez-vous donc à nous, & bénissons à jamais la mémoire du pieux Fondateur de cet encouragement, à qui nous devons notre édification. Quelque justes que soient les regrets que nous a causés sa mort, il nous reste à tous un puissant motif de consolation, puisque le Ciel le fait revivre dans la protection d'un Prélat (1) autant estimé que respectable, & dans les sentimens d'un Pasteur chéri, qui remplissent l'un & l'autre, & secondent si dignement ses intentions...

. . .

Puisse votre bénédiction, MONSEIGNEUR, être le gage de tous les vœux

(1) Mgr. l'ancien Évêque de Senez.

que nous adressons à Dieu, & faire passer dans tous les cœurs l'amour de la piété que votre présence inspire !

---

Lu & approuvé, ce 9 Août 1787. De Sauvigny.

*Vu l'Approbation, permis d'imp. ce 10 Août 1787.*
*DE CROSNE.*

---

De l'imprimerie de Demonville, rue Christine, 1787.

www.ingramcontent.com/pod-product-compliance
Lightning Source LLC
LaVergne TN
LVHW052035160826
845678LV00003B/1353

* 9 7 8 2 3 2 9 6 3 7 9 8 3 *